元担任のよもやま話

齋藤 秋彦

文芸社

郵便はがき

恐縮ですが
切手を貼っ
てお出しく
ださい

160-0022

東京都新宿区
新宿1－10－1
（株）文芸社
ご愛読者カード係行

書　名			
お買上 書店名	都道府県　　市区郡　　書店		
ふりがな お名前		明治 大正 昭和　年生　歳	
ふりがな ご住所	□□□-□□□□	性別 男・女	
お電話 番　号	（書籍ご注文の際に必要です）	ご職業	

お買い求めの動機

1．書店店頭で見て　2．小社の目録を見て　3．人にすすめられて
4．新聞広告、雑誌記事、書評を見て（新聞、雑誌名　）

上の質問に1．と答えられた方の直接的な動機

1．タイトル　2．著者　3．目次　4．カバーデザイン　5．帯　6．その他（　）

ご購読新聞　　新聞	ご購読雑誌

文芸社の本をお買い求めいただき誠にありがとうございます。
この愛読者カードは今後の小社出版の企画およびイベント等の資料として役立たせていただきます。

本書についてのご意見、ご感想をお聞かせください。
①　内容について

②　カバー、タイトルについて

今後、とりあげてほしいテーマを掲げてください。

最近読んでおもしろかった本と、その理由をお聞かせください。

ご自分の研究成果やお考えを出版してみたいというお気持ちはありますか。
ある　　ない　　内容・テーマ（　　　　　　　　　　）

「ある」場合、小社から出版のご案内を希望されますか。
する　　しない

ご協力ありがとうございました。

〈ブックサービスのご案内〉
小社では、書籍の直接販売を料金着払いの宅急便サービスにて承っております。ご購入希望がございましたら下の欄に書名と冊数をお書きの上ご返送ください。（送料１回380円）

ご注文書名	冊数	ご注文書名	冊数
	冊		冊
	冊		冊

目　次

はじめに

三十年近く小学校担任の仕事をしてきた。

様々な体験をした。

現場の教師は日夜、懸命に奮闘している。

しかし、現場には様々な問題が山積している。

その背景には、いろいろなことが考えられるだろうが、私は、今、学校教育現場に『子どもたちは一人ひとり違う』という視点が欠落していると思っている。

またそのことが、学校と保護者が、しっくりいかない原因にもなっているのではないかと思っている。

本書では、私の体験の中からの様々な思いを綴った。なにかの参考になればと思っている。

教師の道へ

本当に教師になろうと決意したのは、広島大学教育学部四回生時の教育実習の時であった。その時、子どもたちと触れ合うことの素晴らしさを感じたのである。

昭和四十九年、大阪府公立小学校の教員として赴任した。そして、思ったとおり、子どもたちと触れ合うことは素晴らしいことだった。

新任早々のことである。

子供たちが、

「先生、今日放課後、新庄公園で野球やるから来てな」

と言った。

その話を職員室ですると、年輩の女性の先生は、

「絶対行ったらだめよ。なにかあったら教師の責任になるから」

と言われた。

ところが、同学年の少し年上の男の先生は、内緒で、

「行ってやれよ。喜ぶから」

と言ってくれた。

もちろん、自転車に乗ってかけつけた。子どもたちは、たいへん喜んでくれ、それから、私と子どもたちとの触れ合いが深

まっていったと言っても過言ではない。

学校の教室の中での、先生と児童という関係のみでは、『触れ合い』も深まっていかないであろう。

このことは、三十年後の現在においても言えるのではないだろうか。

放課後、地域の公園で野球をした子どもたちとは今も、つきあいがある。

もうみんな、いいおじさん、おばさんである。

Ａ君との出会い

Ａ君は転入生であり、いわゆる『登校拒否児童』であった。

私は、五年生のＡ君の担任になった。

Ａ君の家庭は、複雑な問題を抱えていたが、五年生になって、四月、五月は、他の先生方も驚かれるほど、ほとんど欠席なく登校してきた。が、六月になって、また、不登校の状態にはいった。

Ａ君は、心の健康総合センターに毎週一回通っていたので、センターの先生とも連絡をとり、A君に対して『登校刺激』を与えない事、を指導の基本とした。

A君が欠席の日には、空き時間や放課後に家庭訪問をした。はじめて訪問した時は、A君は、パジャマ姿のまま、ふとんにもぐりこんで、私に顔を見せようとはしなかった。

私は、ほんの数分、話しただけで、「じゃあ、先生、学校へもどるわな」と言って、A君の家を後にした。

それから、数回の訪問も同じ様な状態であったが、A君の好きなことを話題にする中で、ふとんから出てきて、私に、いろんなものを見せてくれるようになった。それは、鉄道模型であったり、熱帯魚であったり、釣り道具であった。とにかく、A君を理解することから始めようと思った。

「先生は、わたしのことをわかってくれる」という信頼関係なしには、『指導』というものは成立しないものだと思う。

「この先生は、ぼくのことをわかってくれる」とA君に思ってもらえるようになろうと思った。

そのためには、すべての思いこみや偏見をすてさり、教師と児童ではなく、一人の人間として接することだと思った。

偶然、趣味が共通していることもあり、A君は、私に心を開いてくれ、その後、自立の道を歩んでいった。

苦しんで、はじめてわかった

私も人並に心を病んだ。

二年間は薬のフルコースをいただいていた。通勤途中、私鉄駅のプラットホームに立っていると、向こうから特急電車がやってくる。このまま、ふっと飛びこんだら、楽になるだろうなと、何度思ったことか。

それをしなかったのは、私を支えてくれる人たちがいたからだろう。

苦しんだ。

だけど、それがよかったと思えるようになった。

子どもを見る目が変わったからだ。それまでは、私は、子どもたちに、ひどい事を言ったり、したりしてきたと思う。

己が心を病み、苦しみ、はじめて、子どもたちの心の痛み、そして、今この社会に少なくない、心を病む人々の苦しみがわかるようになった気がする。

武田鉄矢さんの『贈る言葉』に出てくる『人は、悲しみが多いほど、人にはやさしくできる』というのは、本当だなあと思う。

我が娘も不登校に

平成九年、娘が、公立高等学校普通科に入学した。さわやかな感じのする学校で、私はよかったなあと喜んでいた。

ところが、一年生の夏休みが終わった頃、あの負けん気の強い娘が、毎朝、涙ぐんでいるという。

私は、出勤時間が早いので、知らなくて、妻からそのことを聞いた。

娘は、まもなく学校に行かなくなり、家に閉じこもってしまった。

妻によると、どうやら、教科担当の先生のことで、ずっと悩んでいたらしい。

やはり、親として気になるので、娘には内緒で、その高等学校を訪れた。校長室で学校長が対応してくださったが、結論から言うと、高等学校では、いちいち、不登校の生徒に対応することは、なさらないらしい。

こんなもんかと、私は、むなしい気持ちで、さわやかな感じのする学校を後にした。

それから、娘は何ヵ月か家にこもっていた。

「別に高校なんか、行かなくてもええがな」

その時は、そうとしか言えなかったし、まあ、実際、学校に行くことが第一義だなんて、妻も私も思っていなかった。

不登校の子どもたちを、とにかく、学校に来させようとする考え方は、間違っている。しばらくして、私の知らない間に、娘は、自分が行ってみたいなと思う学校のパンフレットをとりよせていたらしい。

そして、定時制昼間部総合学科のある高等学校を訪問し、結局、一年だぶって、その学校の門をくぐった。

その後は、ご機嫌であった。

インターネットによる国際交流で、韓国にも行かせてもらい、海外の友達とも交流している。

父親が心を病み、娘が心を病み、四人家族のうち半分が心を病んだのである。

妻は、楽天家をよそおっているが、おそらく心を病んでいたに違いない。

残る長男だが、大学を卒業し、フリーターというやつをやっていて、アルバイトに平気で遅刻して行くような子だから、こいつだけは、心を病んでいないのかもしれない。

そうすると、うちの家庭だけでも、四分の三が、『心を病んだ』わけだから、統計的に考えると、世の中の七十五パーセントの人間が、『心を病んでいる』ことになるではないか。

お母さんの言葉に頭がガーン

Tさんは、ひとつのことをきっちりやりきらないと、決してつぎの行動にはうつらない。

絵の具を使ったら、パレットをきれいに洗い、ティッシュでていねいにふきとる。

のりを使ったら、これもティッシュでていねいにふたをふく。

高学年になると、音楽や家庭科は、特別教室で授業があるので、移動しなければならない。Tさんは、いつもおくれてしまう。
私は、懇談の折に、Tさんのお母さんに、
「Tちゃん、もう少し素早く行動できるようになるといいです
ね」
と、言ったことがある。
卒業を間近にひかえたある日、Tさんのお母さんが、
「先生、Tのでんでん虫ペースが、あたりまえの日がくるとい
いですね」
と、おっしゃった。
私は、頭をガーンとなぐられた気がした。
長い間、この仕事をしていて、こんなこともわかっていな
かったのだ。私は、なんということをTさんやお母さんに言っ

てしまったのだろう。

子どもには、一人ひとり個性がある。それが、あたりまえなのだ。

すべての子に、同じことを、同じ様に、同じ時間でさせようとしていた自分が恥ずかしかった。

『聞く』に徹すること

子どもであれ、親であれ、こちらの言うことを聞いてもらいたいと思ったら、まず、相手の言うことを徹底的に聞くことである。

とかく、教師は頭から指導的態度に出ようとする。『指導』などというものは、相手が「この人は私の言う事を聞いてくれる」「私の言う事をわかってくれる」と感じないかぎり絶対に受け入れられるものではない。

相手の言う事を十回、二十回、三十回と聞いて、はじめて、「ああ、この先生は、私の言うことを聞いてくれるなあ」と思ってもらえるのである。

そうなって、やっと、人間と人間の信頼関係ができてくるのである。

それを一回や二回、話を聞いただけで、指導をしようとするのは大間違いなのである。

この人は、私のことをわかってくれると感じた時にはじめて、この人の言う事を聞いてみようかという気持ちになるのである。

担任のあたりはずれ

新年度になると、親たちのあいだでは、担任のあたりはずれが話題となる。残念ながら、担任のあたりはずれは現実としてある。そのまえに、教師にとっても『担任のあたりはずれ』があるのである。

年度末になると、新年度の担任の希望がとられる。教師の担任希望は必ずかたよったものになるのである。いじめのある学年、保護者のうるさい学年などは、敬遠されるのである。近年、高学年も敬遠される傾向にある。

親は、なにをもって『担任のあたりはずれ』を言うのであろうか。これは、はっきり言って、教師に対する親の勤務評価である。親は見ぬいているのである。子どもたちに人気のある教師は、おおむね、親の評価も高い。

子どもたちも教師を見ぬいているのである。教師の人柄、指導力、そして、なによりも大きいのは、その教師が本当に『一人ひとりの子を大切に』するかどうかである。

近頃は、『一人ひとりの子を大切に』が、スローガンに終わっている場合が多い。子どもは、一人ひとり違い、デリケートなものである。今日の教育現場では、その視点が欠落している場合が多いのである。

さて、『はずれ』の担任にあたった場合はどうするかである。『はずれ』の担任にあたったと知るや、さっそく、次の日の連絡帳に数ページにもわたって、猛然と注文をつける親もいる。こういったことは、子どもにとって、マイナスにこそなれ、プラスになることはない。担任も人間である。スタートするや、文句をつけられれば「このやろう」と思うのが人情である。『はずれ』であっても、どこか、その担任の『良い所』をさがすのが賢明である。褒められて悪い気がする人間はいない。それが、子どもにもプラスになるのである。『あたり』の教師が、すべての子どもにとって『あたり』になることはないということをつけくわえておこう。

子どもは、一人ひとり違うからである。

一人ひとりは大切にされているか

昨今、どこの学校現場に行っても、『一人ひとりの子を大切に』という言葉がスローガンのように使われているが、現状は必ずしも言葉どおりではないようである。

本来、子どもというものは、一人ひとり違うものであり、また、たいへんデリケートなものである。

一人ひとりの子を大切にしようとすれば、まず、一人ひとりをよく理解しなければならない。これは、なかなか根気のいるたいへんな仕事である。

今は、これができていないのである。

教師は、どの子も同じ様に扱おうとする。また、それが正しい事だと思っている。これが大きな間違いである。A君にしてもよいこととB君にしてもよいことは、違うのである。子どもたちは、みんな、性格も育ってきた環境も違うからである。

教師は、どの子にも同じ様に接することが、『公平』だと思っている。その画一化のために、学校ぎらいになったり、不登校になってしまった子どもたちも多い。

「こんなことは、できてあたりまえ」と教師は思っている。しかし、できる子ばかりではなく、できない子もいるのである。あたりまえと思っているから、できない子には、つらくあたる。

給食についてもそうである。「残さず食べなさい」と指導（強制）する。私などは、好き嫌いが多く、自分自身が給食を残すほうだから、全部食べなさいなどと言ったことはないが、熱心な？　教師になると、給食時間が終わって、清掃の時間になっても、もうもうとしたほこりの中で食べさせている。これはもう指導という名の虐待である。そういう光景を目のあたりにし、「いきすぎだなあ」と思っても、まわりの教師はその教師に言いづらい。

食生活は、人間にとって、きわめて大切なものである。それなのに、もうもうとまうほこりの中で給食を強いられている我が子を見たら、親はどう感じるであろうか。こういう給食が原因で学校ぎらいになってしまった子どもたちも多い。

今ほど、一人ひとりの子どもを理解することの大切さが求められている時はない。

連絡帳

連絡帳ほど、親や教師の人間性があらわれるものはない。

連絡帳は、宿題や持ち物の連絡のみに使われるものではない。学校と家庭、親と教師を結ぶ大切なコミュニケーションの手段である。

家庭では忙しい時間に書かれるわけであるから、用件のみの簡素なものになっても当然であるが、時候のあいさつから始まり、日ごろのお礼なども書かれた連絡帳を見ると、教師は思わず嬉しくなってしまうものである。そこで、学校でのその子のがんばっていること、その子の良い所など一生懸命に書こうとする。

その逆に、学校への抗議、教師批判に終始する連絡帳を見ると、教師も人間、気分を害してしまうのである。もちろん、学校や教師に注文をつけてはいけないということではない。ようするに、文章表現の一工夫なのである。

さらに、親も教師も、大事なことについては、連絡帳で間に合わせるのではなく、直接顔を合わせて、話をすることが大切である。

連絡帳によって誤解がうまれることは、度々起こるのである。

昔の親と今の親

昔の親とくらべると、今の親は大きく様変りしてきている。

昔、親は、みんな忙しかった。子どものことにそんなに時間をかけている余裕はなかった。

もちろん、今の母親の中にも、パートで忙しく、子どもに時間をかけるゆとりのない方もおられるが、生活の変化とともに、母親には、ゆとりがうまれた。その時間は子どもに向けられるようになった。

昔の親は「人様の迷惑になるようなことはするな」ということくらいしか子どもに言わなかったが、今の母親は、細かいところまで、目が届くようになった。

学校から帰ってくる子どもを待ち構え、その日一日学校であったことを聞き出す。

「A君に、こんな悪口を言われた」と聞くや、早速、担任に電話、あるいは連絡帳に書きこむ親もいる。

もちろん、子どもの変化を見ていて、「これは」というところには、しっかり目を光らせていなければいけない。

しかし、なんでこんなことくらいで大騒ぎするのだろうと思う親が近頃多いことは確かである。

子どもは、けんかをし、いじめたり、いじめられもしてくる。

昔の親は、けんかをしてきたくらいで大騒ぎはしなかった。

もちろん、陰湿ないじめだなと感じた時などは、学校としっかり連絡をとるべきだが。

重箱の隅をつつくようなことをいちいち連絡してくる親には教師も閉口してしまう。

それとは逆に、ポイントはしっかり押さえて「あとは学校にお任せします」というような親は好まれる。

かしこい母親の子育て

私が担任をした中で、理想的な母親が何名かいらっしゃった。お一人を紹介しておく。

ふつうの母親というものは、学校での勉強、塾での勉強を子どもが熱心にこなしていれば安心して、上機嫌である。ところが、その反対に学校の勉強以外のことに熱心になって、勉強などほったらかしていると、子どもをしかる。

しかし、この母親はちがった。息子は、蜘蛛《くも》に夢中になっていた。それを横からじっと見ていて、さりげなく支援をしたのである。

四年生の夏休みの自由研究にこの子は『蜘蛛大研究』というテーマで取り組んだ。そして、身のまわりのありとあらゆる蜘蛛を熱心に観察し、大判スケッチブックに細かにまとめあげた。一ページごとに、その生態、自分の気付いた事を書きこんでいた。パソコンのパワーポイントをつかった資料まで添えていた。

蜘蛛に知識のない私は、この子の研究を私のもとで眠らせてしまうのはあまりにも罪深いと思い、彼の研究を日本蜘蛛学会の先生に見てもらった。

先生は、一ページごとに寸評をいれてくださり、「先生、この子を育ててください」と、お手紙までくださった。

小学校四年生がやったものとはとても思えない研究であったのだ。書かれている文字は、たどたどしいものだが、この子らしくていい。

つまり、本当の、値打ちのある勉強を、この子はしたのである。それを可能にしたのは、この母親であった。

子どもの『芽を伸ばす』母親の接し方である。

長渕剛さんのこと

実は、私は、長渕剛の大ファンである。

めったにない彼のライブには、少々体調が悪くても出かける。会場前には、数倍の値段でも入場券を手に入れる熱い長渕ファン。

二時間半の熱唱の後は、声も出ない。

彼のライブは、どうしてあんなに熱いのだろうか。

それは、自分さえよければよいという、この世の中に、彼が熱い怒りをぶつけるからではないだろうか。

私は、彼のライブで元気をもらって帰ってくる。

私は、ギターの弾き語りが好きなので、教室でもよく長渕剛の歌を歌っていた。

あるお母さんが、次のようにおっしゃっていた。

「先生、息子がお風呂で、近所に聞えるような声で、長渕剛の歌を歌うんですよ。でも、とってもなつかしく思います」

担任の楽しみ

　この仕事を続けてきて、最大の楽しみはなんであったかと問われれば、それは、子どもたちの豊かな表現に触れることができたことである。

　本当に、子どもの表現力の豊かさには、魅せられてしまう。そのままでは泡沫のように消え去ってしまう子どもたちの感性のほとばしりなので、それをなんとか記録しておきたいものだと思い、私は、子どもたちの書いたものを大切に保管している。

ここでは、その一部を掲載する。

五年　A君
今日、お父さんとお母さんがけんかをしました。

原因は藤井寺に買い物に行きました。

ぼくとおとうさんは、車の中で待っていました。おかあさんが、なかなか来ないので、おとうさんは「なにやっとんねん」と、言いました。

これが原因です。

ぼくは、今、作文を書いています。

まだ、やっています。

ぼくは、こんなにもけんかするなら、親のしかくがないと思います。そして、こんなけんかをどうやってとめたらいいのか、わからないので。いつもねるまでやっています。

長い時は、三日も続けている時があります。

三年　Y君

きょう、おにいちゃんとじゅんことぼくで駅に、おとうちゃんをまちにいった。

かさをもって、とうちゃんをまっていたら、とうちゃんは、かさをもっていた。

三年　K君

このごろ、あんまりテストをしないようになった。

ぼくは、しないほうがいいけど、おかあさんは、「もっとしたほうがいいね」と言いました。

どうしてかは、たぶん、ぼくのさいのうを、もっと先生にわかってほしいのだからと思います。

四年　S君

きょう、こども会のよりあいについていった。

そしたら、おばちゃんたちが、わらってばっかりだった。

わらいにきたみたいだった。

四年　Ｔ君

ぼくと弟には、おもしろいところがあります。かみの毛のうしろに、はえぎわがあります。何回切ってもすぐに出てきます。

それで、友だちによく、「はえぎわのやり方おしえて」といわれると、ぼくは、どうこたえたらいいかわからなくなって、こまっています。

そやけど、はえぎわって楽しいなあ。

三年　T君

この間、ぼくは、家でいちばんにおきて　成人式のおにいちゃんにプレゼントを　あげたら
そこのおばちゃんが
「おかあさんに、ありがとういっといてな」と、いった。
ぼくは、三千円もだしたのに
まちがえられてくやしかった。

三年　Ｋ君

ぼくが　あそびたくない時に
「あそべ」と、いわれる。
あそびたい時は、「家におり」と、いう。
ぼくは、はらがたって　しょうがない。

六年　Ｙ君

だいぶ　毛が長くなってきたので
さんぱつに　行った。
行くと　すいていたので　みんなたちあがり
一人ずつ　こうたいして　やってくれた。

うしろの方をかる時でも
バリカンなど使わず
ハサミで　ていねいだ。
ぼくは　千円しかもっていなかったので
こんな　ていねいにやって
千円こさないか　心配していたが
八百円だった。
そのうえ　かっぱえびせんもくれた。

六年　M君

きょう　おかあさんの誕生日です。
「いま、年　なんぼや」と、聞いたら
いつも、「十八さいや」と、言います。
いつも、わかくいたいのだろうな。
ぼくは、おかあさんのしわが　気になります。
しわといっても、
目の横にあるしわが　一番気にかかる。
でも、健康であってほしいです。

六年　Ｓ君

ぼくは　石ころのように　なりたい
なぜかというと
こたつでねりゃ「寝るな」
あそんでると「勉強せぇ」
まるで　ぼくをみはってるみたいに
そのてん　石ころは
道ばたにおちてても　だれも気にかけない。
道で　あぐらをかいてたって平気
人の家に　はいっても平気
ほんとに　なりたいな。

六年　Mさん

きょう、大失敗をしました。

おばあちゃんのいれ歯が台所においてあったので、洗面所にもっていこうと思って、コップの中にいれる時、ポトッと落としてしまいました。おはしで、つかんで、よく見ると、歯が一本かけているのです。

おもわず、足をバタバタして、あわててしまいました。

しばらくして、おばあちゃんが、いれ歯を口の中にいれていました。わたしは、心配になってそっとかくれて見ていました。

すると、おばあちゃんが「あれ、歯一本ないわ。ご飯といっしょに食べたのやろうか」

と、言った時、わたしは、わらいをこらえて、むこうの部屋に行きました。

こんな失敗は、はじめてです。

五年　Sさん

よく、おかあさんは、キンチョールで落ちた蚊を拾って、「ヒヒヒッ」と言ってつぶします。

たたいて殺せば、「ほら、やったぁ」と言ってよろこびます。

どこがおもしろいんだろう。

五年　Ｋ君

今日、おかあさんが、シチューを作ると、言っていたのに、うどんを作りました。

いつも、おかあさんは、そんなんです。

失われつつあるなにか

三年生の男の子のお母さんから、次のような手紙をいただいた。

「先生、今日、息子が帰ってくるなり、『お母さん、おこげを作ってくれ』と、こういうんですよ。先生に食べさせていただいた、おかまのご飯のおこげがとてもおいしかったそうです。それで、私は仕事を持っていますので、今度の日曜日に作ってあげると約束しました。先生、ありがとうございました。とこ

元担任のよもやま話

ろで、先生、おこげは、作るものなのでしょうかねぇ」

なかなかユーモアのあるお母さんである。

実は、三年生の社会科単元「くらしのうつりかわり」の学習の中で、釜と電子ジャーとでご飯をたいて、食べくらべをしてみたのである。その顛末《てんまつ》はさておき、子どもたちは、あのおこげのこうばしい味を知らない。

と、考えてみると、私が、子どものころに体験したことで、今の子どもたちが、まったくその機会がないことが、たくさん出てくる。

お釜でたいたご飯、ぬかみそに漬けた自家製の漬物。火鉢も知らない。蚊帳も見たことがない。火鉢はストーブにとってかわられ、電子蚊とり器があれば、蚊帳も無用の長物である。

私の誕生日には、母は小豆を煮て、ぜんざいとおはぎを作ってくれた。最高のごちそうであったが、今は豪華なバースデーケーキになった。最近、都市の子どもたちは、家を出てから学校に到着するまでに、土を踏むことすらない。

都会の子どもたちは、季節のうつりかわりをなんで感じるのだろうか。思いつくままに書きならべてみたが、読者はまだまだ多くのことを思いつかれていることであろう。

いろんなものが便利になり、合理的になればなるほど、なにかが失われていく。それは、子どもの『感性』と言ってもいいであろう。

この失われつつあるなにかを食い止めるのが、おとなの大きな仕事でもある。

おとな（教師・親）の仕事

私は、おとなの仕事は、子どもたちに、いろんな店を出してやる事だと思っている。

縁日の夜店のようにいろんな店を出してやるのだ。つまり、いろんな体験をさせてやるということだ。子どもは、どこで、自分の芽を伸ばすか、はかりしれない。

こんな経験がある。五年、六年を担任した子であるが、お母さんはいつも、

「先生、漫画ばかり読んで、まったく勉強しないんです」

と、おっしゃっていた。私は、

「お母さん、思いきり、読ませてやってください」

と言った。

その子は、おとなになった今、女流染色家として活躍している。本当に、子どもは、どこで芽を伸ばすかわからない。できるだけいろんな体験をさせてやる中で、「これだ」と思うものと出会えるかもしれないのだ。

教師・親は、自分の得意なこと、好きなことを子どもに見せてやることだ。とにかく、いろんな体験のチャンスを見つけて、子どもに与えてやる。これこそ、『おとなの仕事』だと思っている。前述した『蜘蛛の研究』を支援したお母さんもしかりである。

る。

子どもの興味・関心というものは、押しつけるものではない。私は、ギターの弾き語りが好きで、三十年来やっている。休憩時間にやっていると、子どもたちが、まわりに集まってくる。好きな子は、いつも、やってくる。そして、私の歌っている昔のフォークソングも覚えてしまう。ついには、「あの曲やって」と、リクエストまでくる。子どもの興味・関心とは、こんなものではないだろうか。

だから、おとなは、いろんな店を開いてやることが大切なのだ。

それが社会的に組織されれば、もっと体験の幅は広がるであろう。

この仕事はこわい

長い間この仕事をやってきたが、年数がたつほどに、『この仕事はこわい』と、思うようになった。

なにせ、相手が人間様だからだ。なにが起こるかわからない。今日は無事に終わっても、明日、なにが起こるかわからない。

子どもの怪我もそうだ。こんな体験がある。

かなり以前の話になるが、女の子数名が血相を変えて職員室にかけこんできた。子どもが指をドアに挟まれたらしい。あわてて、三階の教室にかけ上がった。

教室とベランダの間に重い鉄のドアがある。女の子が、そのドアに指を挟まれたのだ。ベランダ側にいた男の子が、女の子がいることを知らずに、鉄のドアをけとばしたらしい。

鉄のドアには、指の肉片が、へばりついていた。

担任の若い男の教師は、顔面蒼白でおろおろするばかり。私は、女の子を抱いて、近くの外科に走りこんだ。

半年ほどたって、指は、ほぼ原形に近くなったが、短くなっているのが、はっきりわかる。子どもは、いつ、どこで、どんな怪我をするか、わからない。

学校で怪我をさせるほど、いやな事はない。幸い、冷静な保護者で、その後、問題がこじれることがなくすんだが、その子にとっては、一生残る深い傷である。
人間様相手の仕事、本当に、なにが起こるかわからない。

教師生活最良の日

長い間温めていた企画が、大成功をおさめた。

大阪府視覚障害者福祉協会は、毎年、大きなスポーツ大会を開催されている。以前に大会のお手伝いに行き、全盲の方が全力疾走されるのを見て、深い感動を覚えた。この感動を子どもたちに伝えたいと、ずっと考えていた。

協会事務局と折衝を重ね、大会の開催式において、鼓笛演奏をさせていただけることになった。

この取り組みには、多くの保護者のみなさまにご協力いただだいたが、お母さん方には、協会事務局との打ち合わせの段階から、加わっていただいた。長い準備期間が必要だった。

そして迎えた平成十二年十月十三日。うそのような青空が広がった。私は、ほっと胸をなでおろした。実は、この企画でもっとも心配なのが当日の天候であった。雨天中止と決まっていたからだ。前日が悪天候で、みなが気をもんでいたのだ。

早朝より、大会会場へ車で楽器を搬送してくださっているのも、大勢の児童の引率に協力してくださっているのもお母さん方だ。

秋空の下、大きな会場に、子どもたちの鼓笛演奏が響き渡る。

この日のために、二年間の練習を積んだのだ。

その演奏に合わせて、大阪府各支部の選手のみなさんの堂々の入場行進。

みんな、はれやかな顔をしている。

競技が始まった。子どもたちも、お母さん方も、参加させていただいた。

全盲円周リレー、弱視四百mリレー、そして、全盲千五百m走の伴走も子どもたちが、させていただいた。

競技の合い間、視覚障害を持つみなさんと交流する子どもたち。

最初は、全盲の方の義眼にとまどっていた子どもたちも、うちとけて、手を握り合って話をしている。

午前のプログラムを観戦し終えて、会場を後にする時、選手、大会役員のみなさんから大きな拍手をいただいた。

長い間温めていた企画が大成功をおさめた、教師生活最良の日であった。

四年　Sさんのノートより

今日は、大阪府視覚障害者スポーツ大会に参加しました。はじめ、私たちは、視覚障害者の人たちが入場している間、演奏しました。

演奏している間、やさしそうな人たちが、目が見えないのに、手をふってくれました。

すごく、私は、うれしかったです。なぜかというと、自分は見えないのに、手をふってくれたからです。

私は、なみだが出そうになりました。

私が、もし、目の不自由な人になったとしたら、外にも出ないです。ずっと家にいると思います。それは、みんなにいやなことを言われるかもしれないからです。

でも、大会に来ていた人は、すごく明るい人たちでした。

私は、この大会に出て、もし、目の不自由な人を見かけたら、助けてあげようと思いました。

お父さん、お母さんに助けてもらった

私は、本当にいろんなことで保護者の協力を得た。「今度こんな企画をしたいのですが、助けてもらえませんか」の連発であった。

「畑で育てた大根で、お雑煮会をしますよ」

というお知らせを出すと、

「先生、白味噌とだしこんぶ、用意しといたよ」

「おもちを用意してます」

二日後には、うれしい電話が飛び込んできた。

お母さん方は、割烹着姿もすがすがしく、大根を洗い、おもちを切ってくださる。

お父さん方は、かまどの設営。涙をぽろぽろ流しながら火をおこしてくださる。

北風小僧のかんたろうがやってきた、年末の地域の公園大掃除にも、たくさんのお父さんお母さんが、かけつけてくださった。

地域の老人福祉センターへ出し物をしに行った時も、楽器を搬送してくださったり、会場を整理してくださったり、大勢のみなさんの協力を得た。

その他、焼き芋パーティーなど、企画の度ごとに、保護者の協力を得た。
お父さん、お母さんは、快く協力してくださり、そこで、みなさんの話に花が咲いた。
「先生、こんなんええなあ。今まで話もしたことない人とも話できたわ」
と、喜んでくださった。
学校だけでは、教師だけでは、なにもできない。
保護者、地域のみなさんの協力があってこそである。

あとがき

本書では、私の教職経験の中から思いつくままに、様々な思いを書き綴ってきたが、これは、そのほんの一部にすぎない。

これから、学校や家庭が、どのように変容していくのかは未知であるが、どのような状況になろうと、『子育て』にとって大切なことは不変であると考える。

それは、一人ひとりの子どもに対する理解を深め、その子に寄り添い、辛抱強く見守っていくことである。

本書の刊行に際し、文芸社の編集に携ってくださった方々や永田津一さんをはじめ多くのみなさまにたいへんお世話になった。心よりお礼申し上げたい。

二〇〇二年一月

著者略歴

齋藤 秋彦（さいとう あきひこ）

1951（昭和26）年　大阪府に生まれる。
1974（昭和49）年　広島大学教育学部卒業。
昭和49年より27年間、大阪府立公立小学校に勤務。

元担任のよもやま話

2002年3月15日　初版第1刷発行

著　者　齋藤 秋彦
発行者　瓜谷 綱延
発行所　株式会社 文芸社
〒160-0022　東京都新宿区新宿1-10-1
電話　03-5369-3060（代表）
03-5369-2299（営業）
振替　00190-8-728265

印刷所　図書印刷株式会社

ISBN4-8355-3409-3 C0095